SOUS PRESSE : Christine, drame, par Alexandre Dumas.

LA FRANCE

DRAMATIQUE

AU DIX-NEUVIÈME SIÈCLE.

CHOIX DE PIÈCES MODERNES.

Palais-Royal.

LES PÉNITENS BLANCS,

COMÉDIE EN DEUX ACTES.

672—673.

PARIS.

CH. TRESSE, ÉDITEUR,
ACQUÉREUR DES FONDS
DE J.-N. BARBA ET V. BEZOU,
PALAIS-ROYAL, GALERIE DE CHARTRES,
N. 2 et 3, derrière le Théâtre-Français.

H. L. DELLOYE, ÉDITEUR
DE LA FRANCE PITTORESQUE,
DE LA BIBLIOTHÈQUE CHOISIE, ETC.
Rue des Filles-Saint-Thomas, 13,
Place de la Bourse.

1841.

LES

PÉNITENS BLANCS,

COMÉDIE EN DEUX ACTES, MÊLÉE DE CHANT,

PAR M. VARNER,

Représentée pour la première fois à Paris, sur le théâtre du Palais-Royal, le 17 mars 1841.

DISTRIBUTION DE LA PIÈCE.

M. DE BETHANCOURT, fermier-général	M. SAINVILLE.
HENRIETTE, mariée secrètement au vicomte de Danville....	Mme GRASSOT.
CLOTILDE DE VANVRES, sa sœur....................	Mlle CAMILLE.
LE VICOMTE DE DANVILLE........................	M. DERVAL.
AUGUSTIN DE BALAINVILLIERS, jeune abbé..........	Mlle PERNON.
BACHELARD, précepteur d'Augustin...................	M. ALCIDE.
CÉCILE, } jeunes personnes amies de Clotilde......... {	Mlle GRAVE.
VICTORINE, }	Mlle CLARISSE.

(La scène se passe au château de Vanvres, près de Vaugirard.)

ACTE PREMIER.

Le théâtre représente un ermitage dans un parc. — Deux portes latérales. Porte au fond. A gauche, contre le mur, une petite table à la Tronchin avec tout ce qu'il faut pour écrire. Du même côté, un guéridon sur lequel brûle une bougie. A droite, une cheminée qui supporte une glace, et sur laquelle brûle également une bougie.

SCÈNE I.

LE VICOMTE DE DANVILLE.

(Il est déguisé en moine et se présente à la porte du fond.)

De la lumière !... et personne... Où suis-je ?... je n'en sais rien. Voilà trois ou quatre parcs que j'ai franchis successivement, grace au treillage des espaliers !... et à voyager ainsi de muraille en muraille, on a bien vite perdu son chemin... Reprenons haleine et reposons-nous... (Il s'asseoit.) Ce maudit brigadier de maréchaussée m'avait parbleu bien reconnu, et à deux lieues de Versailles, encore ! « Je prie le révérend père, ou plutôt M. le » comte de Danville, de vouloir bien descendre... » de par Sa Majesté Louis XV, notre roi... » Et pendant qu'il montait dans ma voiture pour saisir mes papiers, un tour de clé à la portière... fouette, postillon !... c'était mon valet de chambre qui conduisait, et il m'a enlevé le brigadier, ventre à terre !... pendant que je gagnais les bois de Meudon, de là ceux de Clamart... On court mal avec une robe de moine, surtout quand la nuit vient vous surprendre... Je tâchais toujours de marcher dans la direction de Vanvres... Si je pouvais, avant mon départ, voir ma pauvre Henriette et lui faire mes adieux !... Mais, au lieu de me rapprocher d'elle, peut-être m'en suis-je éloigné... Maudite affaire, maudit duel ! qui me force à m'exiler, quand ma présence était si nécessaire !... (Écoutant.) Je n'entends rien. Le froid est assez vif et l'on est mieux ici qu'en plein air... Un ermitage élégant ! cela convient parfaitement à un moine... pourvu que l'ermite, s'il y en a un, veuille bien ne pas rentrer ce soir chez lui... j'y passerais la nuit, et demain, au jour, je saurais où je suis.

Air : Ah ! monseigneur.

Pour me tirer, dans cette circonstance,
Du mauvais pas où je suis compromis,
J'aurais besoin d'invoquer l'assistance

De tous les saints du paradis.
Y recourir n'est pas trop ma coutume,
Et d'eux, je crois, mes traits sont peu connus :
Ah ! puissent-ils, trompés par le costume,
Me protéger comme un de leurs élus !

Ah ! diable, j'entends marcher... impossible de fuir : on me verrait... Allons, faisons bonne contenance... (Se mettant devant un prie-Dieu et prenant un livre.) Ou plutôt, n'en faisons pas... et voyons venir les événemens.

SCÈNE II.

DANVILLE, devant le prie-Dieu ; BACHELARD, paraissant à la porte du fond ; puis AUGUSTIN.

BACHELARD.

Allons donc, monsieur le chevalier... venez par ici : j'aperçois une cellule.

(Augustin paraît. Il est habillé en petit abbé très élégant, poudré, bichonné, avec jabot et manchettes de dentelle, bas de soie noirs et petit manteau.)

AUGUSTIN.

Eh ! mon Dieu, monsieur mon précepteur, il n'y a pas besoin de tant se presser... j'arriverai toujours assez vite à votre séminaire.

DANVILLE, à part.

Dans un séminaire !... où me suis-je réfugié !...

AUGUSTIN.

Vous avez beau me répéter depuis quatre ans que la vocation me viendra... elle n'est pas venue.

BACHELARD.

Voilà pourquoi nous allons au devant d'elle.

AUGUSTIN.

C'est donc ici qu'on la trouve ?

BACHELARD, apercevant Danville.

Silence !... voici un révérend que nous dérangeons dans sa lecture.

DANVILLE, à part.

Allons... de l'audace !... l'élève et précepteur ne m'ont pas l'air bien fort. (Il salue Bachelard, qui lui rend son salut.)

BACHELARD, bas à Augustin.

Saluez donc ! (A Danville.) N'ai-je pas l'honneur de parler à monsieur le supérieur du séminaire de Vanvres ?

DANVILLE, à part.

De Vanvres ? quel bonheur !... je suis près d'Henriette ! (Haut.) Non, monsieur... je ne suis pas le supérieur.

BACHELARD.

Monsieur est peut-être le sous-directeur ?

DANVILLE.

Le sous-directeur ?... (A part.) Au fait, il faut bien que je sois quelque chose.

BACHELARD.

Le père Hilarion ?

DANVILLE.

Oui, monsieur... le père Hilarion.

BACHELARD.

Celui qui m'a écrit ?...

DANVILLE.

Moi-même !

BACHELARD.

Les indications étaient si bien données que nous avons trouvé sur-le-champ.

AUGUSTIN.

C'est-à-dire que nous nous sommes perdus.

BACHELARD.

Nullement... le village de Vanvres, la première grande grille à droite.

AUGUSTIN.

En venant de Paris ou de Touraine, voilà ce que nous ne savions pas.

BACHELARD.

Taisez-vous, mon élève... quand on a dit la droite, c'est la droite.

DANVILLE.

On n'a pas deux mains droites...

BACHELARD.

Ce serait trop gauche... D'ailleurs, la grille était ouverte, une voiture venait d'entrer... une voiture à quatre chevaux... la nôtre a suivi.

AUGUSTIN.

C'est-à-dire suivi... Cocote et la carriole sont restées en arrière.

BACHELARD, d'un ton impérieux.

Augustin, silence !

AUGUSTIN.

Et quand vous avez été donner dans ce bassin plein d'eau...

BACHELARD.

C'est pour cela que je vous ai fait marcher... car j'avais aperçu au bout de l'allée la lumière de cet ermitage.

DANVILLE, saluant.

L'étoile tutélaire !

BACHELARD.

Le fanal de salut qui devait nous conduire au port... et nous y voilà ! (Prenant Augustin par la main.) J'ai l'honneur, père Hilarion, de vous présenter le jeune novice que vous attendez, et dont la pension est payée d'avance, mon élève, monsieur le chevalier Augustin de Balainvilliers, âgé de seize ans, à qui depuis quinze ans et demi j'inculque le lait des bonnes doctrines.

AUGUSTIN.

Je ne sais pas alors où j'ai pris le temps d'aller en nourrice.

BACHELARD.

Silence !... C'est un cadet de bonne maison... (Levant le bras, avec emphase.) Il tient à l'illustre famille des Champfreneuse.

DANVILLE, à part.

O ciel !

BACHELARD.

Je vous ai fait mal ?

DANVILLE.

Du tout. (A part.) Ça se trouve bien , la famille qui me poursuit, celle de mon adversaire !

BACHELARD.

Et comme , de tout temps, ses parens ont voulu le faire entrer dans les ordres, on s'y est pris de bonne heure... il ne connaît ni Paris , ni le monde pervers qui l'habite ; et, pour l'habituer dès son enfance à l'ennui du cloître , il ne m'a jamais quitté, moi , maître Bachelard, son précepteur.

DANVILLE.

C'est bien.

BACHELARD.

Qui lui ai appris le latin et les bonnes mœurs.

DANVILLE.

Très bien.

AUGUSTIN , à part.

C'est-à-dire , très bien, avec des solécismes.

BACHELARD.

Dans un vieux château de la Touraine , que nous quittons aujourd'hui pour la première fois avec la carriole et Cocotte. (A demi-voix et le prenant à part.) Les deux seules espèces du genre féminin que je lui aie permis de voir jusqu'à présent.

DANVILLE.

Ah ! bah !

BACHELARD.

Comme c'est vous que maintenant cela regarde, je dois vous prévenir... ce petit bonhomme, mon élève, a, malgré mes soins, une imagination et des idées terribles... des idées de six pieds de haut... je ne sais pas qui les lui a données.

DANVILLE.

Vous , peut-être ?

BACHELARD.

C'est possible... sans le savoir. Jamais, cependant , je ne lui ai laissé deviner le bout d'une collerette... Il n'y avait dans tout le château qu'une seule femme... et elle était en peinture ! c'était dans l'oratoire... un tableau que j'avais eu l'imprudence d'y laisser... et , tous les jours, je le trouvais en extase devant cette figure angélique... Au fait , il y avait de quoi l'étonner... parce que ce beau visage blanc... ces bras blancs... et surtout ces jupes blanches...

DANVILLE.

Et vous aussi, mon gaillard, vous m'avez l'air de les aimer.

BACHELARD.

Au contraire, je voudrais qu'il n'y en eût pas une seule au monde... Et comme je l'ai élevé dans des principes d'ordre et qu'il en voit partout, il m'a demandé à quel ordre appartenait ce jeune frère ; je lui ai répondu : « C'est un pénitent blanc. »

DANVILLE.

En vérité ?

BACHELARD.

C'était assez bête ; mais je n'ai trouvé que cela

dans le moment. S'il m'avait laissé le temps de chercher, je ne dis pas... enfin n'importe , vous voyez quelle ame pure et candide je vous livre.

AUGUSTIN , qui pendant ce temps s'est tenu assis de l'autre côté du théâtre.

Qu'est-ce qu'ils ont donc à causer ainsi tout bas ?

BACHELARD.

Je vous prie seulement de hâter le plus possible le moment où il pourra prononcer ses vœux.

DANVILLE.

Dans l'intérêt du ciel ?

BACHELARD.

Et dans le mien. La famille Balainvilliers m'a promis et signé trois mille livres tournois de pension , le jour où mon élève entrerait dans les ordres.

DANVILLE.

Je comprends.

BACHELARD.

Et au bout de quelques semaines passées dans cette sainte maison , on pourrait avancer le temps du noviciat ; ça m'avancerait mon premier quartier.

DANVILLE.

C'est facile.

BACHELARD.

Je m'en rapporte à vous , père Hilarion... Je vous laisse... j'ai remis entre vos mains monsieur le chevalier, dont je vous prie de me donner un reçu.

DANVILLE , étonné.

Moi ?

BACHELARD.

Pour ma responsabilité auprès de la famille... c'est la première fois, depuis quinze ans, que je le quitte d'une minute.

AUGUSTIN.

Comment , mon précepteur, vous me laissez ainsi , ce soir?

BACHELARD.

J'aurais pu demander un lit aux révérends frères ; mais on m'a offert l'hospitalité à deux pas de Vanvres, à Vaugirard, chez le greffier qui est mon compère.

DANVILLE.

Ah ! vous connaissez le greffier de Vaugirard ?

BACHELARD.

J'ai cet honneur... et puis, il faut que j'aille retrouver Cocotte que nous avons laissée au bas de l'allée dans le bassin.

AUGUSTIN.

Vous lui direz bien des choses de ma part.

BACHELARD.

Certainement... et demain, avant de retourner en Touraine, je reviendrai savoir comment vous avez passé la nuit, dans cette pieuse demeure. (A Danville.) Je n'attends plus que mon reçu.

DANVILLE.

Écrivez-le vous même, je signerai. (A part, pen-

dant que Bachelard se met à la table à gauche et écrit.)
Au fait, ça me donne une position, je prends la
place du précepteur et demande aux révérends
pères asile pour mon élève et pour moi... cette
nuit seulement, c'est tout ce qu'il me faut : car
demain...

BACHELARD, lui présentant le papier sur lequel il
vient d'écrire.

Voyez si c'est bien cela ?

DANVILLE, lisant.

« Moi, père Hilarion, sous-directeur de la mai-
» son de Vanvres, reconnais avoir reçu, au nom
» de la famille de Champfreneuse, et des mains
» de maître Bachelard, M. Augustin de Balainvil-
» liers, son élève... et cœtera... » A merveille, je
signe, et hâtez-vous, car voici l'heure...

BACHELARD.

De l'Angelus ?

DANVILLE.

Comme vous dites.

BACHELARD, à Augustin.

Vous, monsieur, je vous recommande d'obéir au
père Hilarion, et aux révérends frères, comme à
moi-même, sans répliquer, sans murmurer, et surtout sans demander raison... parce qu'en bonne
éducation, il n'y en a pas, il n'y en a jamais.

DANVILLE.

Sans cela et s'il fallait en donner... ce serait
plus cher...

BACHELARD.

Il faudrait payer double le précepteur. (A Danville.) Je vous préviens du reste que l'élève n'a
pas soupé.

DANVILLE, à part.

Ni moi non plus.

BACHELARD.

Adieu, mon révérend ; adieu, monsieur le chevalier... à demain ! (A part, en s'en allant.) Pourvu
que Cocotte ne se soit pas impatientée d'attendre !

(Il sort par la porte du fond.)

ooooooooooooooooooooooooooooooooooooooooooooooooooooo

SCÈNE III.

AUGUSTIN, DANVILLE.

DANVILLE, à part, regardant Augustin qui se tient à
l'écart et les yeux baissés.

Voilà donc le jeune élève qui m'est confié !... il
est gentil ce petit bonhomme là !... et si on avait
le temps, on le formerait... mais, le moyen, quand
soi-même on ne sait que devenir ! (Haut.) Augustin !

AUGUSTIN.

Mon révérend !

DANVILLE.

Avez-vous du goût pour la vie monastique ?

AUGUSTIN.

Faut-il dire la vérité ?...

DANVILLE.

Entre hommes, toujours !

AUGUSTIN.

Eh bien !... (A part.) Il va se fâcher... (Haut.)
Eh bien ! non !

DANVILLE, froidement.

Il n'y a pas de mal.

AUGUSTIN, étonné.

Ah ! il n'y pas de mal ?

DANVILLE.

Il faut avant tout de la vocation ; et si ça vous
rend malheureux, si ça vous ennuie ?...

AUGUSTIN.

C'est vrai... ça m'ennuie d'être moine... mais,
puisque ma famille et mon précepteur, puisque
tout le monde le veut, il faudra bien le devenir...
et il n'y a qu'un ordre que j'aimerais...

DANVILLE.

Lequel ?

AUGUSTIN.

Celui des pénitens blancs.

DANVILLE, souriant.

Ah ! ah !

AUGUSTIN.

Est-ce qu'on ne pourrait pas y être admis ?

DANVILLE, à part.

Pauvre jeune homme !

AUGUSTIN.

Tous les autres moines me font peur à voir...
vous, moins que les autres, cependant... mais
ceux-là, rien que d'y penser, je sens comme un
frisson... qui fait chaud... le sang me monte à la
tête, et mes joues deviennent brûlantes... je suis
rouge, n'est-ce pas ?

DANVILLE, à part.

Il y aurait vraiment conscience à le tromper plus
long-temps, d'autant qu'il irait ce petit bonhomme... il ne demande que cela. (Haut.) Écoutez-
moi, Augustin.

AUGUSTIN.

Oui, mon père.

DANVILLE.

Vous m'êtes confié, et cela m'impose des de-
voirs... Savez-vous ce que c'est que des femmes ?...

AUGUSTIN, naïvement.

J'ai lu des livres latins où l'on en parlait ; mais
je n'en ai jamais vu.

DANVILLE.

Vous les connaissez... en latin ?

AUGUSTIN, de même.

Oui, mon père : mais pas en français.

DANVILLE.

Tant pis ! ça vaut mieux. (Gravement.) Connais-
sez-vous le vin de Champagne ?

AUGUSTIN.

Qu'est-ce que c'est que cela ?

DANVILLE.

Ah ! c'est embarrassant... ce sont des choses très

difficiles à définir, à expliquer... et pour les comprendre...

AUGUSTIN.

Ça demande de la tête ?

DANVILLE.

Oui, car ça la fait perdre.

AUGUSTIN.

C'est égal, dites toujours... voilà des études dont on ne m'avait jamais parlé, et vous m'avez l'air bien plus instruit, bien plus savant que mon précepteur...

DANVILLE.

Ce n'est pas bien extraordinaire.

AUGUSTIN.

Air du Vaudeville de la Somnambule.

Mon précepteur n'a jamais su me dire
Le premier mot de ces chapitres-là.
A cet égard je brûle de m'instruire.

DANVILLE.

Et sur moi vous comptez pour ça.

AUGUSTIN.

Oh ! dans cette étude nouvelle,
Vous n'aurez, je puis l'attester,
Nul besoin d'exciter mon zèle.

DANVILLE, à part.

Je crois plutôt qu'il faudra l'arrêter.

AUGUSTIN.

Et puis, vous me semblez si bon, si indulgent... qu'avec vous la vie monastique ne me fait plus peur... au contraire.

DANVILLE.

Oui... eh bien ! en ce cas, entrez dans cette cellule. (Il montre la porte à gauche. A part.) Il ne faut pas que mon élève aille démentir son précepteur.

AUGUSTIN.

C'est que j'ai joliment faim.

DANVILLE.

Si ce n'est que cela, et moi aussi. Je vous enverrai tout à l'heure à souper par un des frères.

AUGUSTIN.

Un pénitent blanc, s'il y en a !...

DANVILLE, à part.

Il ne songe qu'à cela. (Haut, le poussant dans le cabinet.) Allez donc vite et ne sortez que quand je vous appellerai.

(Augustin entre dans le cabinet.)

SCÈNE IV.

DANVILLE, seul.

Allons ! les révérends ne seront pas si clairvoyans que le brigadier de la maréchaussée, et me prendront sans peine pour maître Bachelard, qu'ils ne connaissent pas.. J'entends le bruit d'une robe... attention et componction !

(Il croise ses bras sur sa poitrine et s'incline.)

SCÈNE V.

DANVILLE, HENRIETTE.

(Elle entre par la porte du fond. Elle est en robe de bal de gaze, et tient à la main un domino noir et un masque qu'elle dépose sur une chaise à droite.)

HENRIETTE, apercevant Danville.

Que vois-je ? un moine !

DANVILLE, levant la tête et poussant un cri.

Henriette !

HENRIETTE.

Danville !... sous ce déguisement...

DANVILLE.

Silence !... j'étais poursuivi...

HENRIETTE.

Et pourquoi donc ?

DANVILLE.

Je vous le dirai... mais, avant tout, où suis-je en ce moment ?

HENRIETTE.

Au château de Vanvres, dans un ermitage, au milieu du parc, chez mon oncle, où je devais aller, vous le savez bien, avec ma sœur Clotilde, et son prétendu, et deux cents personnes... Il y a souper, bal et concert.

DANVILLE.

Et le séminaire ?

HENRIETTE.

C'est à deux pas... mais de l'autre côté... l'autre grille...

DANVILLE.

Je comprends... j'aimais mieux le séminaire : car ici, il y a encore plus de dangers pour moi.

HENRIETTE.

Et en quoi donc ? car vous me faites peur.

DANVILLE.

Rien... rien... un fat que j'ai puni, et voilà tout. Ce petit marquis, si fier de l'immense fortune dont il est le seul héritier, le jeune Hector de Champfreneuse... qui, en se promenant hier avec moi, avait osé me parler de vous en des termes... Il ignorait, comme eux tous, les liens qui nous unissent... il ne savait pas que la haine de votre oncle nous avait forcés à ce mariage secret...

Air : Pour le chercher j'arrive en Allemagne.

Nœud plein de charme, aimable et doux mystère,
Qui fait ma joie et parfois mon tourment.

HENRIETTE.

Et pourquoi donc ?

DANVILLE.

Faut-il être sincère ?

HENRIETTE.

Je vous en prie.

DANVILLE.

Eh bien ! là, franchement,

Quand on possède une femme parfaite.
Dont, à bon droit, on s'enorgueillirait,
Il est cruel d'être heureux en cachette,
Et de se voir forcé d'être discret.

J'étais donc décidé à tout avouer dans votre intérêt même... car on parlait, à Versailles, d'un homme qu'on avait vu, de grand matin, sortir de votre appartement... et le petit marquis de Champfreneuse m'avouait à voix basse et en ricanant que c'était lui. — Vous en avez menti ! lui dis-je... Il tira son épée, moi, la mienne... je l'ai vu tomber... nous nous étions battus sans témoins : je pouvais être accusé, poursuivi comme meurtrier... sa famille est si riche et si puissante ! j'ai pris la fuite à travers les bois, me dirigeant de ce côté, et ne croyant pas, dans mon malheur, être encore assez heureux pour te voir et t'embrasser.

HENRIETTE.

Ah ! je suis plus morte que vive : une pareille nouvelle au milieu de ce bal !... un bal costumé, déguisé... ma sœur et ces dames qui vont venir me rejoindre dans cet ermitage, pour s'y habiller... tenez, je les entends... qu'on ne vous voie pas... là, dans ce cabinet !...

(Elle lui donne un flambeau qui est sur la cheminée.)

DANVILLE.

Mais, je voulais te dire...

HENRIETTE.

Je reviendrai dès que je pourrai m'échapper du bal.

DANVILLE.

Dépêche-toi, car je meurs de faim.

HENRIETTE.

J'apporterai des provisions.

DANVILLE, ressortant du cabinet.

Pour deux... car il faut que je t'explique...

HENRIETTE, le poussant et fermant la porte.

Taisez-vous !... on vient.

(Danville est entré avec une des bougies dans le cabinet à droite, dont Henriette a fermé la porte.)

SCÈNE VI.

HENRIETTE, puis CLOTIDE, CÉCILE, VICTORINE. *

HENRIETTE.

Pour deux ! pauvre garçon ! il faut qu'il ait bien faim !...

(On entend la ritournelle de l'air qui suit.)

CLOTILDE, CÉCILE, VICTORINE.

Air : Tout au plaisir tout à l'amour.

Vite en ces lieux (bis.)
Que l'on se déguise

* Victorine, Cécile, Henriette, Clotilde.

A sa guise !
Tout est au mieux,
Car dans ces lieux,
On ne craint pas les curieux.

CÉCILE.

Voilà mon costume que l'on m'apporte de Paris ; comment le trouves-tu ?...

VICTORINE.

Et le mien ?

CÉCILE.

Tu vas me donner ton avis... nous nous habillerons ici... comme autrefois, en camarades du couvent.

VICTORINE.

Et puis nous entrerons ensemble toutes les quatre dans le bal.

HENRIETTE.

Comme vous voudrez... mais dépêchons-nous... Et toi, Clotilde ?

CLOTILDE.

Moi ?... je suis habillée, je suis prête.

CÉCILE.

Un singulier costume !

VICTORINE.

En bergère de Trumeau !

HENRIETTE.

C'est champêtre.

CÉCILE , à Clotilde.

Ça ne te va pas trop bien.

CLOTILDE.

Ça m'est égal... pour danser avec mon futur... car c'est lui qui m'a invitée...

(Elle va déposer un bouquet qu'elle tient sur la table qui est contre le mur.)

CÉCILE.

Il te déplait donc toujours ?

VICTORINE.

Ça ne s'en va pas ?

CLOTILDE.

Au contraire... ça ne fait qu'augmenter. Ma sœur, veux-tu m'attacher mon fichu ?

CÉCILE.

Après moi, qui n'ai pas même commencé mon costume de mariée.

VICTORINE.

Et moi celui de rosière.

HENRIETTE, à part.

Hâtons-nous de les renvoyer *

(Cécile est devant la glace et Henriette l'habille ; sur le devant du théâtre , Clotilde attache à Victorine sa couronne de rosière.)

VICTORINE.

Pauvre Clotilde ! comme te voilà triste !

CLOTILDE.

C'est vrai. Je n'ai pas fermé l'œil de la nuit ; j'ai plus envie de dormir ou de pleurer que d'aller au bal.

* Victorine, Clotilde. Henriette. Cécile.

VICTORINE.

Mais s'il te déplaît tant, pourquoi l'épouser ?

CLOTILDE.

Mon oncle le veut... et avec lui, on n'est pas maîtresse de se marier à sa guise. Demande à ma sœur. Je n'ai pas de fortune, et M. de Béthancourt est riche... un fermier-général qui a tant d'argent qu'il en est noble.

VICTORINE.

En vérité ?

CLOTILDE.

Il a acheté des lettres de noblesse.

VICTORINE.

Et une femme aussi, à ce qu'il paraît.

CLOTILDE.

Hélas, oui !

CÉCILE.

Moi, je ne le connais pas ; mais rien que de le voir danser, cela dégoûterait de la danse.*

CLOTILDE.

Et si tu l'entendais rire, d'un gros rire si bête !... ça dégoûterait de la gaîté... voilà pourquoi je suis si triste !... Et puis il se croit un grand mystificateur, et n'est jamais plus heureux que quand quelqu'un est mystifié.

VICTORINE.

Ah ! bien, si je l'épousais, je sais bien...

HENRIETTE.

Eh bien ! mes demoiselles, avez-vous fini ?

CLOTILDE.

Pas encore... et mon fichu ? (Regardant le domino que Henriette a jeté en entrant sur une chaise à droite.) A qui ce domino ? **

HENRIETTE.

A moi, qui devais aller ce soir au bal de l'Opéra. (Regardant du côté de la porte à droite.) Mais maintenant je ne sais pas... (A Clotilde.) Allons, voyons donc ! tiens-toi droite !...

CLOTILDE, à sa sœur qui lui atttache son fichu.

Je te remercie... Et mes rosettes de souliers sont-elles bien ?

VICTORINE, se mettant à genoux.

Attends ! attends !... je vais les faire bouffer de ce côté.

CÉCILE.

Et moi arranger tes garnitures.

(Toutes les quatre sont habillées en blanc, et ainsi groupées : Clotilde debout, le cou et les bras nus ; Henriette, derrière elle, attachant son fichu ; les deux autres, à genoux, arrangeant sa toilette.)

SCÈNE VII.

LES MÊMES, AUGUSTIN.

AUGUSTIN, entr'ouvrant la porte à gauche.

Le père Hilarion m'a dit qu'il viendrait, et je

* Victorine, Clotilde, Cécile, Henriette.

** Victorine, Cécile, Henriette, Clotilde.

m'ennuie d'attendre... (Apercevant le groupe de jeunes filles.) Ah ! des pénitens blancs ! comme en voilà !... Un, deux, trois, quatre !...

SCÈNE VIII.

LES MÊMES, M. DE BÉTHANCOURT.

BÉTHANCOURT paraissant à la porte du fond qu'il entr'ouvre.

Suis-je de trop ?

CÉCILE et VICTORINE, courant à lui.

On n'entre pas, monsieur... on n'entre pas.

(A ce bruit, Augustin a refermé la porte du cabinet. Toutes, excepté Clotilde, sont remontées vers la porte du fond.)

BÉTHANCOURT, passant sa tête par la porte.

Je ferme les yeux... comme prétendu, c'est mon habitude... j'épouse les yeux fermés. (Riant.) Eh ! eh ! eh !

CLOTILDE.

Voilà qu'il rit encore !

BÉTHANCOURT.

Je préviens seulement ma jolie fiancée que si elle ne se hâte pas, je vais être obligé de danser avec une autre qui vient de m'inviter. (Riant.) Eh ! eh ! eh !

CLOTILDE.

Alors je ne me presse pas... (A Béthancourt.) Dans l'instant !... je mets une mouche et c'est fini.

CÉCILE et VICTORINE.

Nous vous suivons, monsieur de Béthancourt.

HENRIETTE.

Et moi aussi.

(Elles sortent toutes à l'exception de Clotilde.)

SCÈNE IX.

CLOTILDE, seule.

Ah bien ! oui... les suivre !... à quoi bon ? J'arriverai toujours assez à temps... pour cette première contredanse... Dire qu'elle lui appartient... sous prétexte qu'il va être mon mari... c'est un abus... car enfin... avec lui... j'ai le temps... (Elle s'assied dans le fauteuil à droite, bâille et commence à s'endormir.) Et puis, ce monsieur... de Béthan... court... est si ennuyeux... il me dit de penser à lui... et quand j'y pense... je m'endors... ce qui est agré...able... Si je pou...vais rêver que... je ne l'épou...se... pas... (Sa voix s'éteint et elle s'endort.)

SCÈNE X.

CLOTILDE, dormant dans le fauteuil à droite ; AU-GUSTIN, sortant du cabinet à gauche.*

AUGUSTIN.

Je n'entends plus rien... les révérends frères sont partis... non, pas tous... en voilà encore un !... Ah ! mon Dieu ! qu'ai-je vu ? Comme dans le tableau de la chapelle... c'est lui !... et la même physionomie... (Montrant la figure.) De là... (Montrant les bras.) Et puis de là... ce tableau que j'aimais, que j'adorais, il est réel, il existe !... Oh ! oui... il est vivant, car il respire...

Air des Frères de lait.

Ah ! c'en est fait, je reste au séminaire,
Que désormais je ne veux plus quitter.
   Le bonheur qu'on cherche sur terre,
   Là seulement peut habiter,
   Oui c'est là qu'il doit habiter.
C'est le séjour des amitiés sincères,
Du bon accord... et je le sens déjà,
Avec ferveur j'aimerai tous les frères...
   S'ils ressemblent à celui-là.

O mon révérend frère, à ta vue je me sens dévoré par l'ardeur de la charité... et je promets de t'aimer comme moi-même. (Lui prenant la main.) Ah ! plus encore !...

CLOTILDE.

Ah ! qui vient là ?... ** (A part.) Tiens ! ce petit monsieur *déguisé en abbé*... je ne l'avais pas encore vu.

AUGUSTIN.

Comme il me regarde !

CLOTILDE.

Il est gentil, et un air si timide !... Comme il baisse les yeux !

AUGUSTIN.

Voilà que ça m'embarrasse et me déconcerte.

CLOTILDE.

Il ne faut pas avoir peur, monsieur... Que me voulez-vous ?

AUGUSTIN.

Je ne sais... je venais... j'avais pris votre main... et je voulais vous demander...

CLOTILDE.

Ah ! mon Dieu ! j'en suis bien fâchée, je suis invitée pour la première ; mais la seconde, si vous voulez... ce sera avec plaisir... Entendez-vous la musique ?... On commence...

AUGUSTIN.

J'entends bien... (A part.) C'est peut-être l'Angelus. (Haut.) Mais, encore un instant.

CLOTILDE.

Non, je ne puis rester seule avec vous que je ne connais pas.

  * Augustin, Clotilde.
  ** Clotilde, Augustin.

AUGUSTIN.

Je viens d'arriver... je viens de vous voir ; mais je vous connaissais depuis long-temps... et je vous prie de me regarder comme le frère le plus dévoué...

CLOTILDE.

Eh bien ! mon cher frère, vous direz cela... plus tard... en mesure...

AUGUSTIN.

Mais, permettez...

CLOTILDE, se dégageant en s'enfuyant.

Non pas... non pas... pour la seconde, entendez-vous... adieu !... (Elle sort en courant.)

AUGUSTIN, courant après elle.

Ah ! vous ne me quitterez pas ainsi. (Il la poursuit, passe entre la table et le guéridon, et renverse le flambeau. Nuit tout à coup.) Allons, allons... nous voilà dans l'obscurité... Mon frère ! où êtes-vous ?

SCÈNE XI.

AUGUSTIN, seul.

Il s'enfuit... Mon frère ! mon révérend frère !... revenez, je vous en prie !... Il n'entend plus ma voix... car il reviendrait, j'en suis sûr... et je ne puis pas le suivre ! (Il écoute, et entend dans le lointain l'air de la Monaco.) Ah ! j'entends dans le loin une musique suave et angélique... si j'y courais !... Mais le père Hilarion, à qui je dois obéissance, m'a dit de l'attendre ici... Et puis, pour courir, il faut des jambes, et je n'en ai plus... Moi, je soupe toujours à sept heures... Et, c'est étonnant, pendant que le révérend frère était là, j'avais oublié le souper... je n'y pensais plus... mais voilà que ça recommence... et je sens là des tiraillemens... (Il s'asseoit dans le fauteuil que vient de quitter Clotilde.) Je tombe de faiblesse !

SCÈNE XII.

AUGUSTIN, HENRIETTE dans l'obscurité, avec un panier de provisions. *

HENRIETTE, à voix basse.

St... st... êtes-vous là ?

AUGUSTIN, de même.

Eh ! oui !

HENRIETTE, de même.

C'est bien... silence !

AUGUSTIN, à part.

Quel bonheur !... je crois voir dans l'ombre... un pénitent blanc... Est-ce lui qui revient ? (Il veut aller à elle.)

HENRIETTE, à voix basse.

Pas de bruit ! et surtout pas un mot !... Il y a

  * Henriette, Augustin.

du monde qui se promène autour de l'ermitage, et vous avez bien fait d'éteindre... j'avais peur qu'on ne me vit... C'est votre souper que je vous apporte.

AUGUSTIN, à part.

O mon bon ange, mon ange gardien !

HENRIETTE qui a placé sur le guéridon à gauche tout ce qu'il y avait dans le panier.

Tout est là... (S'approchant du fauteuil où est Augustin et le prenant par la main.) Adieu, mon ami !

AUGUSTIN, à part, avec émotion.

Mon ami ! Ah ! que cette main est douce ! (Il la serre dans les siennes.)

HENRIETTE, à demi-voix.

Non... ne me retiens pas... on m'attend... Tu trouveras au fond du panier le petit mot que je t'écrivais... je reviendrai.

AUGUSTIN.

Bien vrai ?

HENRIETTE.

Et d'ici là... (Elle lui donne un baiser sur le front.)

AUGUSTIN, poussant un cri.

Ah !...

HENRIETTE, se sauvant.

Imprudent !... adieu ! adieu ! (Elle sort.)

○○

SCÈNE XIII.

AUGUSTIN, seul, mettant la main sur son cœur.

Qu'est-ce que je sens là ? Ce ne sont plus les jambes... c'est le cœur qui me manque... Là, sur mon front, c'est brûlant... J'ai la fièvre... j'étouffe. (Il est près de la table, étend la main et sent une bouteille.) Ah ! de quoi boire !... de quoi me rafraîchir, ça se trouve bien... (Il touche un bouchon qui saute.) Oh ! qu'est-ce que c'est que ça ? N'ayons pas peur. (Il se verse un verre de champagne et l'avale d'un trait.) Tiens... je n'ai rien bu de pareil... (Se passant la langue sur les lèvres.) C'est sucré... (Se frottant l'estomac avec la main.) C'est chaud !... et pourtant ça rafraîchit... (Il en boit un second verre.) Ah ! voilà qui est étonnant... je suis dans la nuit, et il me semble que tout s'illumine... tout brille... j'y vois clair... et je me sens de la gaîté... à la tête... et au cœur... (Riant.) Ah ! ah ! ah ! c'est drôle... Ah ! ah ! ah ! je ne sais pas comment ça se fait... je ris malgré moi... et sans savoir pourquoi... et puis, c'est comme un étourdissement qui m'empêche de rester debout... (Il chancèle et tombe sur une chaise près de la table.) Qu'est-ce que c'est que ça ?... Mon souper... un fumet de volaille et de pâtisserie... Ma foi, maître Bachelard, mon précepteur, ne m'a pas trompé.

Air du Père Trinquefort.

De ce repas qui paraît délectable,
Le pourvoyeur est vraiment fort aimable...
Profitons-en et mettons-nous à table :
Car je me sens un terrible appétit.

Ce pâté me séduit,
Il faut que je lui fasse fête ;
De ce superbe fruit
Le parfum me monte à la tête...
Tout cela me semble excellent.
C'est tendre, c'est appétissant...
Certes, le frère cuisinier
Est habile dans son métier ;
Je ne crois pas que chez le roi
On puisse mieux faire, ma foi !...
Interrogeons encor cette bouteille...
A son glouglou ma gaîté se réveille ;
Avec la mousse il sort de ce flacon
Un charme heureux qui confond la raison.

Buvons !   (bis)
Oui, le séminaire
Que moi, j'avais si mal compris
Est un paradis
Chantons,   (bis)
Il n'est pas sur terre,
Selon moi, de lieu plus exquis...
C'est un paradis !

○○

SCÈNE XIV.

AUGUSTIN, DANVILLE. *

(Augustin est à table à gauche et se verse un verre de champagne ; Danville ouvre tout à coup la porte à droite, et paraît tenant un flambeau à la main. Jour tout à coup.)

DANVILLE.

Qu'est-ce que je vois là ?... mon élève !

AUGUSTIN.

Le père Hilarion !

DANVILLE.

Comment ? vous buvez et vous chantez tout seul ?

AUGUSTIN.

Je vous attendais.

DANVILLE, à part.

Quand je disais qu'il ne demandait qu'à aller... il n'a pas perdu de temps... (Il s'asseoit à la table en face de lui.) Dites-donc, mon élève, vous qui me demandiez la définition du champagne... (Lui montrant une bouteille.) vous l'avez trouvée sans moi... en voilà.

AUGUSTIN.

De quoi ?

DANVILLE, se versant un verre.

Du champagne.

AUGUSTIN.

Ah ! bah !... eh bien ! ça ne m'étonne pas... c'est si blanc et si doux... ça devait être le nectar des pénitens blancs... car il y en avait ici tout-à-l'heure.

DANVILLE, tout en mangeant.

Comment savez-vous cela ?

* Augustin, Danville.

AUGUSTIN.

Vous ne veniez pas... et j'ai entr'ouvert tout doucement la porte de ma cellule.

DANVILLE.

Voyez-vous ça !... pendant que je tenais la mienne fermée.

AUGUSTIN.

Et j'en ai vu... deux, trois, quatre...

DANVILLE, à part.

Ces demoiselles qui s'habillaient... (Riant.) C'est drôle pour un novice.

AUGUSTIN.

Mais ce n'est rien encore.

DANVILLE.

Tant mieux !... c'est amusant.

AUGUSTIN.

Pendant que j'étais ici, sans lumière, est entré un de nos jeunes frères qui apportait notre souper.

DANVILLE, à part.

Cette bonne Henriette ! (Haut.) Oui, par mes ordres.

AUGUSTIN.

Ah ! c'est de votre part ?

DANVILLE.

Eh ! oui, sans doute.

AUGUSTIN.

Ah ! je vous remercie, mon révérend : car c'était si gentil !... cet ange gardien s'est approché de moi, dans l'ombre, et m'a pris la main en me disant : Mon ami !

DANVILLE, étonné.

Ah ! on vous a dit ?...

AUGUSTIN.

Certainement... Mais, vous ne mangez plus, père Hilarion !

DANVILLE.

Allez toujours !... (A part.) Je trouve cela moins drôle.

AUGUSTIN.

Et j'ai senti là ses lèvres...

DANVILLE, à part.

Est-il possible ?... un baiser !

AUGUSTIN.

Qu'avez-vous donc ?

DANVILLE.

Rien, rien, allez toujours... (A part.) Parce qu'un niais, un ignorant pareil peut sans le savoir...

AUGUSTIN, lui versant à boire.

A votre santé, mon révérend !

DANVILLE, à part.

Joliment !... moi qui voulais le former !... et il me prend d'abord mon souper et ma femme !... (Haut et avec colère.) Eh bien ! donc, qu'y a-t-il encore ?

AUGUSTIN, mangeant toujours.

C'est tout.

DANVILLE.

Bien sûr ?... il n'y a pas autre chose ?

AUGUSTIN.

Non, mon révérend.

DANVILLE, respirant.

Ah ! je respire ! (Le regardant.) Ce pauvre garçon, si j'avais été à sa place...

AUGUSTIN, se rappelant.

Ah ! si vraiment ! il y a encore autre chose que j'oubliais.

DANVILLE.

Achève donc !

AUGUSTIN, la bouche pleine.

Attendez que j'aie fini ma bouchée.

DANVILLE.

Je souffre le martyre.

AUGUSTIN.

On a parlé d'une lettre pour moi... qui était là au fond du panier.

DANVILLE, courant la prendre.

Une lettre !... c'est bon... la voilà...

(Il l'ouvre avec empressement.)

AUGUSTIN, toujours à table.

Eh bien ! vous la lisez ?

DANVILLE.

Oui, c'est la règle de l'ordre... les novices ne peuvent recevoir de lettres.

AUGUSTIN.

C'est différent.

DANVILLE.

On vous recommande d'aller à Matines.

AUGUSTIN.

Vraiment ?

DANVILLE.

Et de bien y prier.

AUGUSTIN.

Ah ! je n'y manquerai pas. J'ai fini de souper ; je vais plier ma serviette... n'est-il pas vrai ?

DANVILLE.

Certainement. (A part, et lisant.) « Je ne pourrai » m'échapper, ni te voir de la soirée, ce serait trop » imprudent ; ces messieurs et ces dames terminent » la fête, en retournant à Paris, au bal de l'Opéra. Je » devais les y accompagner ; je m'en abstiendrai, en » me disant souffrante ; et aussitôt après leur départ, » je courrai près de toi, à l'ermitage... attends- » moi !... » Et moi qui lui en voulais !.. cette pauvre Henriette !... elle va venir me trouver ! Ah diable ! et mon élève, en tiers dans notre tête-à-tête... Oh ! non... j'ai déjà assez fait pour son éducation, et il ne peut pas rester ici... mais comment s'en débarrasser ?... (Écoutant.) J'entends de loin la *Boulangère* : c'est le bal qui finit.

(Depuis ce moment jusqu'à la fin de l'acte on joue en sourdine et avec variations l'air de *la Boulangère*.)

AUGUSTIN, qui, pendant cet aparté, s'est levé, a plié sa serviette et s'est approché d'une des fenêtres de l'ermitage.

Ah ! mon Dieu, qu'est-ce que je vois d'ici, au bout de l'allée, à la lueur des lampions ?

DANVILLE.

Des pénitens blancs ?

AUGUSTIN.

Au contraire, des pénitens noirs, des capuchons.

DANVILLE, à part.

Ces messieurs et dames qui se rendent en dominos au bal de l'Opéra.

AUGUSTIN, naïvement.

Est-ce qu'ils vont à une procession?...

DANVILLE, à part.

Oh! quelle idée!... (Haut.) Justement.

AUGUSTIN.

Tiens! à cette heure-ci!...

DANVILLE.

C'est un pèlerinage... il faut y aller, mon élève, il faut y aller.

AUGUSTIN.

Certainement... Partons-nous, père Hilarion?

DANVILLE.

Pas moi; comme sous-directeur de la maison, j'y reste, j'y suis nécessaire : j'ai des dispenses... mais vous...(Regardant autour de lui, et apercevant le domino noir qu'Henriette a jeté, en entrant, sur une chaise.) Tenez, tenez... couvrez-vous comme tout le monde, de ce pieux vêtement qui est de rigueur... rabattez ce capuchon.

AUGUSTIN.

Oui, mon père.

DANVILLE.

Descendez vous mêler aux autres pénitens.

AUGUSTIN.

Oui, mon père.

DANVILLE.

Montez avec eux en voiture, car c'est à une lieue d'ici que l'on va.

AUGUSTIN.

Oui, mon père.

DANVILLE.

Je n'ai pas besoin de vous recommander une tenue convenable... le silence et le recueillement... Ne parlez à personne.

AUGUSTIN.

Oui, mon père.

HENRIETTE, paraissant à la porte de droite et à voix basse.

Es-tu là?...

(Danville lui fait signe de se retirer.)

DANVILLE.

Chut!...

SCÈNE XV.

LES MÊMES, BÉTHANCOURT, en domino noir, paraissant à la porte de l'ermitage.

BÉTHANCOURT.

Eh bien! il y encore des retardataires! dépêchons. C'est moi qui ouvre la marche et qui commande.

AUGUSTIN, bas à Danville.

C'est le supérieur?

DANVILLE.

Précisément.

BÉTHANCOURT, apercevant plusieurs dominos qui paraissent à la porte du fond.

Voici les autres... qui m'aime me suive!

DANVILLE, à Augustin.

Suivez-le!

BÉTHANCOURT, au fond.

Partons!

AUGUSTIN, près de la porte du fond.

Je vous suis, mes frères.

DANVILLE, à part, sur le devant du théâtre.

Au bal de l'Opéra!

(Henriette rentre, et s'approche de Danville. *La Boulangère* reprend à grand orchestre. — La toile tombe.)

ACTE DEUXIÈME.

Le théâtre représente un salon élégant. — Porte au fond. Deux portes latérales.

SCÈNE I.

HENRIETTE, sortant de l'appartement à gauche, et parlant à la cantonade.

Restez là caché dans mon appartement, et n'en sortez pas; car il fait grand jour. Dès que j'aurai tout disposé pour votre départ, ce qui n'est pas facile, je viendrai vous avertir. (Apercevant Clotilde qui entre par le fond.) Dieu! ma sœur! (Elle referme la porte.

SCÈNE II.

HENRIETTE, CLOTILDE.

HENRIETTE, à part.

Elle ne m'a pas vue... elle est trop préoccupée... (Haut.) Clotilde!

CLOTILDE, levant la tête.

Ah! c'est toi, ma sœur?

HENRIETTE.

Comment as-tu passé la nuit?

CLOTILDE.

Pas bien.

HENRIETTE.

En effet , te voilà levée de bonne heure.

CLOTILDE.

Je n'ai pu dormir.

HENRIETTE.

Air de Teniers.

Une veille de mariage,
C'est naturel... il faut y renoncer.
L'acte important par lequel on s'engage
Donne beaucoup trop à penser.
On rêve amour, bonheur, indépendance !
Puis on se dit : Quel sera l'avenir ?
Et, quand ce n'est pas l'espérance,
La crainte empêche de dormir.

CLOTILDE.

Ah ! ce n'est pas cela.

HENRIETTE.

Seraient-ce les souvenirs du bal ?

CLOTILDE.

Peut-être.

HENRIETTE.

Tu n'as presque pas dansé.

CLOTILDE.

Justement... J'attendais un danseur qui m'avait demandé avec instance, et presque à genoux, une contredanse.

HENRIETTE.

Eh bien ?

CLOTILDE.

Je lui avais donné la seconde, et il n'est pas venu, il n'a pas paru.

HENRIETTE.

C'est assez impertinent. Quelque seigneur de la cour, peut-être ?

CLOTILDE.

Je ne sais... j'ignore son nom.

HENRIETTE.

Un jeune fat ?

CLOTILDE.

Non... un air doux et modeste... Un tout jeune homme... avec un costume original qui lui allait très bien... et puis, des yeux noirs très expressifs.

HENRIETTE.

Il paraît que tu l'as remarqué !

CLOTILDE.

A cause de son absence. Sans cela, je n'y aurais pas pensé... comme je l'ai fait ; mais j'ai été fâchée de son impolitesse... voilà tout. Il est vrai que depuis hier tout me fache et tout m'irrite.

HENRIETTE.

Et pourquoi donc ?

CLOTILDE.

Tu me le demandes, à moi, qui vais aujourd'hui me marier.

HENRIETTE.

C'est vrai.

CLOTILDE.

Ce matin le contrat , et ce soir la bénédiction nuptiale. Je ne conçois pas que mon oncle soit si pressé.

HENRIETTE.

Lui et M. de Béthancourt m'ont chargée de faire disposer la chapelle du château.

CLOTILDE, vivement.

Ah ! ne te presse pas... ce sera toujours cela de gagné... car si tu savais...

HENRIETTE.

Silence !... c'est ton prétendu qui vient de se lever.

SCÈNE III.

LES PRÉCÉDENTES, DE BÉTHANCOURT.[*]

BÉTHANCOURT.

Du tout, belle dame... du tout ; je ne me suis pas couché ; je n'aurais pas pu dormir. Nous avons trop ri hier, au bal de l'Opéra, et rien que d'y penser, j'en ris encore comme une bête.

CLOTILDE.

Vous n'en faites jamais d'autres.

BÉTHANCOURT.

C'est vrai , je suis gai... eh ! eh ! eh ! quand je vous vois. Hier, pourtant, vous n'étiez pas là... c'est égal, j'ai cru que j'en mourrais... Imaginez-vous l'anecdote la plus invraisemblable... Vous allez dire que ce n'est pas vrai... Moi-même, je n'y crois pas , quoique j'en sois le héros... Imaginez-vous que je me trouve avec un tout jeune homme, M. Augustin de Balainvilliers, un petit abbé en herbe.

CLOTILDE , avec émotion.

Un abbé ?

HENRIETTE, à part et en riant.

Celui dont m'a parlé Danville.

BÉTHANCOURT.

Qui croyait aller au séminaire, en tombant au milieu de nous, au moment où nous partions pour le bal de l'Opéra.

CLOTILDE.

Est-il possible ?

BÉTHANCOURT.

Il prenait les dominos pour des pénitens noirs , et moi pour le supérieur... C'est comme je vous le dis... moi, le révérend père !

HENRIETTE.

Allons donc !

BÉTHANCOURT.

Il ne me quittait pas, tant il avait confiance... et il ne sait rien... il ne connaît rien... il n'a jamais rien vu. Il prenait les femmes pour des pénitens blancs.

CLOTILDE.

Vous vous moquez.

BÉTHANCOURT.

Du tout. Et il est amoureux, sans le savoir,

[*] Clotilde, Béthancourt, Henriette.

sans s'en douter... d'un petit... d'une jeune fille qu'il a rencontrée dans un fauteuil où elle dormait.

CLOTILDE, avec émotion.

Ah! mon Dieu!

BÉTHANCOURT.

Qu'avez-vous?

CLOTILDE, toujours avec émotion.

Rien... cela me paraît si impossible.

BÉTHANCOURT.

Quand je vous le disais!... Et c'est pourtant vrai, ma parole d'honneur!... Il en perd la tête... il se ferait tuer pour revoir son ange gardien, sa belle inconnue... Il ne rêvait qu'à elle.

CLOTILDE.

Pauvre jeune homme!

BÉTHANCOURT.

Vous jugez de notre bonheur!... J'ai donné le mot à tout le monde... à nos camarades, qui l'appelaient tous: mon très cher frère.

CLOTILDE.

Se moquer ainsi de sa candeur, de son ignorance, c'est affreux!

HENRIETTE.

C'est du moins peu généreux.

BÉTHANCOURT.

Tant que vous voudrez... Moi, quand je m'amuse, je suis sans pitié... je suis un enragé mystificateur... Et, ce n'est rien encore... en sortant de l'Opéra... (Riant.) Ah! ah! ah!

CLOTILDE.

Et bien?

BÉTHANCOURT.

Je l'ai mené à un déjeuner de garçons que je donnais chez moi, dans mon hôtel, à mes amis, toujours en dominos noirs... Mais, au dessert, au moment où nous chantions un chœur avec accompagnement de verres et de fourchettes, est survenu un incident qui a failli découvrir la ruse.

HENRIETTE.

Et quoi donc?

BÉTHANCOURT.

C'était, comme je vous l'ai dit, à l'occasion de mon mariage, un déjeuner de garçons... Mais voilà que la petite Danaé, une jeune artiste de l'Opéra... que je protégeais... Moi je protége tous les artistes...

AIR Des maris ont tort.

Amateur de l'Olympe antique,
J'aime à causer à l'Opéra,
Avec Flore, Vénus pudique,
Les Grâces, Pomone, et voilà
Ce qui m'attire à l'Opéra.
Je puis y parcourir sans peine
Gnide et Paphos... c'est littéral...
Et de tous ces charmans domaines
Je suis le fermier-général.

La petite Danaé arrive donc avec quelques demoiselles du corps de ballet... pour nous faire leurs adieux... On avait beau faire des signes... impossible de les prévenir et de les faire passer pour des pénitentes... d'autant que Danaé était en costume de soubrette... *la serva padrona*, la servante maîtresse de Pergolèse.

HENRIETTE, souriant.

Et son étonnement fut grand sans doute, en apprenant qu'il existait des femmes...

CLOTILDE, avec impatience.

Moi d'abord, si je l'avais vu, je le lui aurais dit.

BÉTHANCOURT.

C'est ce qu'on a fait... il le fallait bien... Mais, attendez donc!... (Riant.) Ils lui ont persuadé qu'une de ces dames était ma gouvernante, à moi!

HENRIETTE.

Est-il possible?

BÉTHANCOURT.

Que les novices seuls n'en avaient pas... Ah! ah! ah! Et voilà le plus plaisant... c'est qu'il est furieux d'être novice... qu'il ne veut plus l'être, et qu'il lui tarde de prononcer ses vœux, rien que pour avoir une petite gouvernante à lui... tout seul...

CLOTILDE.

Mais c'est une indignité!

BÉTHANCOURT, riant.

C'est drôle.

CLOTILDE.

C'est affreux!

HENRIETTE.

Et ce pauvre garçon, qu'est-il devenu?

BÉTHANCOURT.

Il ne pouvait pas quitter le supérieur. Je l'ai ramené avec moi, en voiture, à moitié endormi... Je lui ai fait donner là une chambre dorée qu'il trouvera assez bien pour une cellule, et un grand lit à baldaquin où il dort comme un bienheureux.

CLOTILDE.

Eh bien, monsieur, il faut le détromper à l'instant même, et lui dire qu'il est au château de Vanvres, chez mon oncle.

BÉTHANCOURT.

Laissez donc, cela nous amusera toute la journée... Un jour de noces, on ne sait que faire, et je vais tout raconter à votre oncle, qui rira de la mystification et la continuera.

CLOTILDE.

Du tout... Je veux qu'elle cesse... je veux que vous écriviez vous-même au supérieur du séminaire qu'il vienne chercher ce jeune homme... sinon je ne me marie pas... je refuse... Ainsi, monsieur, voyez, oui ou non, si vous voulez écrire.

BÉTHANCOURT.

Certainement, j'écrirai... mais plus tard.

CLOTILDE.

A l'instant.

BÉTHANCOURT.

Il n'y a rien ici de ce qu'il faut pour cela.

CLOTILDE , montrant la porte à droite.

Eh bien , chez lui !

BÉTHANCOURT.

Cela le réveillerait.

CLOTILDE , montrant la porte à gauche.

Alors , chez ma sœur.

HENRIETTE , à part.

O ciel !... (Haut.) Y penses-tu ? Je ne veux pas que monsieur, qu'un homme entre ainsi dans mon appartement, le matin.

BÉTHANCOURT.

Ce serait de la dernière inconvenance.

CLOTILDE.

Eh bien ! moi j'y vais. (Elle se précipite vers la porte qu'elle ouvre , et pousse un cri en apercevant Danville habillé en moine.) Ah !

SCÉNE IV.

LES MÊMES, DANVILLE *.

BÉTHANCOURT , riant.

Un moine !... encore un ! Il en pleut donc aujourd'hui !

HENRIETTE , à part.

C'est fait de nous !

CLOTILDE , à part.

Qu'est-ce que cela signifie ?

BÉTHANCOURT.

Vous , madame, qui ne vouliez pas qu'on entrât dans votre appartement, bravo !... Et le révérend père nous dira-t-il au moins pour qui il vient ?

HENRIETTE , à part.

Ah ! quelle idée ! (Haut.) Pour vous, monsieur.

BÉTHANCOURT.

Pour moi ? Cela est fort...

HENRIETTE.

Ne devez-vous pas vous marier ?

BÉTHANCOURT.

C'est vrai.

HENRIETTE.

Et, hier soir, vous et mon oncle m'aviez chargée de tout disposer. J'ai d'abord fait prévenir au séminaire voisin, le révérend père...

DANVILLE , s'inclinant.

Le père Hilarion.

CLOTILDE, à part, avec humeur, en regardant sa sœur.

Moi qui la priais de ne pas se presser ! **

HENRIETTE.

Et j'allais m'entendre avec lui.

BÉTHANCOURT , à part.

C'est singulier... mais , si ce n'était la vertu de ma belle-sœur, ça ne me ferait pas l'effet d'un moine.

* Danville, Clotilde, Henriette, Béthancourt.
** Clotilde, Danville, Henriette, Béthancourt.

SCÉNE V.

LES MÊMES , BACHELARD , entrant vivement ; il aperçoit Danville et court à lui *.

BACHELARD.

Ah ! mon révérend, vous voilà !

DANVILLE , à part , et avec joie.

Dieu ! Bachelard !

BACHELARD.

J'accours vers vous , père Hilarion...

HENRIETTE , à part , tout étonnée.

O ciel !

BÉTHANCOURT , à part.

Père Hilarion... c'est différent... c'est un vrai moine.

BACHELARD.

Je venais vous annoncer l'aventure la plus étonnante pour mon élève.

CLOTILDE , vivement.

M. Augustin de Balainvilliers ?

BACHELARD.

Lui-même.

CLOTILDE , montrant la porte à droite.

Il est là , monsieur.

BÉTHANCOURT , avec curiosité.

Et cette aventure ?

CLOTILDE , de même.

Cette nouvelle ?

DANVILLE , à part.

Diable !... (Haut.) Je prie ces dames et monsieur de vouloir bien nous laisser en conférence avec maître Bachelard.

BÉTHANCOURT.

Si ce sont des affaires de moine, c'est trop juste. (A Clotilde.) Venez , ma fiancée.

CLOTILDE.

C'est que j'aurais voulu savoir...

BÉTHANCOURT.

Et moi aussi... mais plus tard.

DANVILLE, bas à Henriette.

Je vous rejoins dès que j'en serai débarrassé... ce qui ne sera pas long.

(Henriette, Clotilde et Béthancourt sortent par la porte du fond.)

SCÉNE VI.

BACHELARD, DANVILLE **.

BACHELARD.

Quelles sont ces dames, ici , dans ce séminaire ?

DANVILLE , brusquement.

Des dames de charité.

* Clotilde, Bachelard, Danville, Henriette, Béthancourt.
** Bachelard, Danville.

BACHELARD.

Je m'en suis douté. Et l'autre... le monsieur ?

DANVILLE, de même.

Il est attaché à la maison : c'est l'économe.

BACHELARD.

Je m'en suis aperçu... à son esprit.

DANVILLE, avec impatience.

Voyons, maître Bachelard, je suis pressé : de quoi s'agit-il ?

BACHELARD.

Je vous ai parlé hier d'une pension de trois mille livres que m'avait promise la famille, dans le cas où, par mes bons exemples et mes saines doctrines, je tournerais les idées de mon élève du côté de l'état monastique ; et Dieu sait les sermons, la morale et la vertu que j'y ai dépensés !

DANVILLE.

Je m'en doute.

BACHELARD.

J'en suis à sec... Eh bien, aujourd'hui, ce n'est plus cela. Je reçois à l'instant l'ordre officiel de virer de bord, et de changer totalement de principes.

DANVILLE.

Ce n'est pas croyable.

BACHELARD.

C'est ainsi.

DANVILLE.

Et je conçois que cela vous coûte.

BACHELARD.

Du tout ; ça me rapporte. On me promet six mille livres de pension si je détruis mon ouvrage, si je sape dans sa base le système d'éducation béatifique employé jusqu'ici.

Air de Mme Favart.

Dans ma conviction profonde,
Sans cesse, hélas ! je lui disais :
« Fuyez les plaisirs et le monde ! »
Hier encor je le lui répétais.
Il faut qu'à présent, pour bien faire,
Je dise, sans balbutier,
Du soir au matin le contraire...

DANVILLE.

Vous ne serez pas le premier.
Ce n'est pas fort extraordinaire,
Vous ne serez pas le premier.
Et qui vous ordonne cela ?

BACHELARD.

Une lettre que j'ai reçue ce matin à Vaugirard, chez le greffier où j'ai passé la nuit... une lettre de la famille, où il est dit que le marquis Hector de Champfreneuse vient d'être tué en duel...

DANVILLE, à part.

O ciel !

BACHELARD.

Qu'il n'y a plus d'autre héritier mâle de cette noble maison, que mon élève, le futur abbé... et ce qui effraie la famille, ce sont mes talons de précepteur, et le bruit généralement répandu de la vocation du chevalier. Aussi, je viens le chercher, père Hilarion, et le retirer de vos pieuses mains.

DANVILLE, vivement.

Je vous le conseille, emmenez-le sur-le-champ.

BACHELARD, effrayé.

Est-ce qu'il y aurait du danger ? Est-ce que mes doctrines auraient déjà poussé des racines tellement profondes ?... C'est toute ma crainte, parce qu'une fois qu'on m'écoute, il n'y a pas moyen d'y tenir.

DANVILLE.

Calmez-vous... d'abord votre jeune élève a les passions vives...

BACHELARD, avec joie.

Vous croyez ?

DANVILLE.

Toutes les dispositions d'un mauvais sujet.

BACHELARD.

Vous me rassurez... mais souvent les dispositions nous trompent tellement...

DANVILLE.

Pour celles-là, je m'y connais.

BACHELARD.

Dieu soit loué !... Où est-il ce cher enfant ?... ce cher élève, qui a si bien... non, je veux dire, grace au ciel, si mal profité de mes leçons ?... Je cours l'embrasser.   (Il va frapper à la porte de droite.)

DANVILLE.

Allez... ne perdez pas de temps... Emmenez-le d'ici, sans voir personne... (À part.) Nous, hâtons-nous de rejoindre Henriette, et pendant qu'il s'en va, tâchons d'en faire autant.

(Il sort par le fond.)

SCÈNE VII.

BACHELARD, puis AUGUSTIN.

BACHELARD, frappant à la porte.

C'est étonnant comme il dort ! il dort déjà comme un moine... On ouvre enfin. *

AUGUSTIN, sortant par la porte à droite et courant à Bachelard.

Mon précepteur, mon cher Bachelard, que je vous embrasse, que je vous remercie de tout ce que je vous dois !

BACHELARD.

Il n'y a pas encore de quoi, mon élève ; mais bientôt, je l'espère, car je viens vous chercher...

AUGUSTIN.

Me chercher ?

BACHELARD.

Lisez avec attention cette lettre qui vous dira tout !

* Bachelard. Augustin.

AUGUSTIN, lisant avec impatience.

« Maître Bachelard, le marquis Hector de
» Champfreneuse notre parent vient de succomber
» sous les coups d'un meurtrier que nous pour-
» suivions; mais le marquis lui-même, avant de
» mourir, a déclaré s'être loyalement battu en
» duel avec le vicomte de Danville, provoqué par
» lui, et nous devons donc cesser toute poursuite;
» mais un autre devoir nous est imposé par notre
» race près de s'éteindre... » (S'interrompant.)
Qu'est-ce que j'ai besoin de lire tout cela?

BACHELARD.

C'est de votre famille qui vous rappelle en son
sein.

AUGUSTIN, serrant la lettre dans sa poche.

Moi?

BACHELARD.

Qui veut vous faire rentrer dans le monde.

AUGUSTIN.

Allons donc! je ne sors pas d'ici.

BACHELARD, effrayé.

Ah! mon Dieu!

AUGUSTIN.

C'est mon état, ma vocation... je n'en veux pas
d'autre.

BACHELARD.

Ce n'est pas possible : vous qui détestiez le
cloître!

AUGUSTIN.

Parce que je ne le connaissais pas... parce qu'on
ne se doute pas des joies ineffables qui vous y at-
tendent. Imagine-toi, Bachelard, que j'ai passé toute
la nuit au milieu d'une foule de pénitens de toutes
les couleurs, à peine si j'ai dormi... c'est égal!
prêt à recommencer... ni repos, ni sommeil!... je
me voue à toutes les austérités de la vie monastique.

BACHELARD.

Mais vous n'y pensez pas.

AUGUSTIN.

Au contraire : j'y pense toujours !

BACHELARD.

Quelle était cette maison-là?

AUGUSTIN.

Je ne sais... mais au point du jour, on nous a
conduits dans un grand réfectoire pour le repas
du matin.

BACHELARD, avec dédain.

Un repas de moine!

AUGUSTIN.

Ça m'est égal : je n'en veux pas d'autres désormais.

BACHELARD.

Du pain sec ?

AUGUSTIN.

Il y en avait... et puis un fruit noir... que je ne
connaissais pas.

BACHELARD.

C'est affreux !

AUGUSTIN.

Et qu'ils appelaient des truffes.

BACHELARD.

Vous en avez mangé?

AUGUSTIN.

Comme le révérend... mais pas tant... car il avait
un appétit !...

BACHELARD.

Sans doute les Bernardins, c'est la règle de
leur ordre.

AUGUSTIN, avec exaltation.

Ah! si vous aviez été là !...

AIR : O sainte mélodie ! (des Martyrs, de Donizetti.)

Ils se versaient à rase
Le nectar des élus.
O merveilleuse extase !
O transports inconnus !
Tenant encor mon verre,
Fermant déjà les yeux,
J'avais quitté la terre,
Et j'étais dans les cieux !

BACHELARD, à part, avec désespoir.

Il n'en voudra pas descendre... O entraînement
et séduction de la vie monastique !... Il n'y a pas
de temps à perdre, ou je suis ruiné. (Haut.) Allons, il faut partir.

AUGUSTIN.

Partez tout seul... je reste dans cette retraite où
vous m'avez placé vous-même.

BACHELARD.

J'ai changé d'idée.

AUGUSTIN.

Je n'en changerai pas... On a une vocation ou
on ne l'a pas... c'est dans la nature, c'est dans le
sang.

BACHELARD, s'arrachant les cheveux.

Faut-il que je lui aie donné une éducation pareille !... des principes qui poussent malgré moi.
(Haut.) Écoutez-moi seulement.

AUGUSTIN.

Je n'écoute rien. Mon seul but, mon seul désir,
c'est de prononcer mes vœux. Il y a trop long-
temps que je suis novice !... je ne veux plus l'être...
ça m'ennuie... Je veux avoir une gouvernante
comme les pénitens avec qui j'ai déjeuné ce matin.

BACHELARD.

Une gouvernante?...

SCÈNE VIII.

BACHELARD, AUGUSTIN, HENTIETTE et DAN-
VILLE, sortant tous deux de la porte à gauche*.

AUGUSTIN, remontant le théâtre avec Bachelard.

Tenez, tenez !... voyez plutôt père Hilarion !

BACHELARD, stupéfait.

Chut !

* Henriette, Danville, Bachelard, Augustin.

HENRIETTE , à voix basse.

Tout est préparé... passez par la chapelle du château... et à la petite porte, la porte extérieure, vous trouverez une voiture qui vous attend... Partez vite !...

DANVILLE.

Adieu donc , chère amie !... (Il l'embrasse.)

BACHELARD.

Ah! mon Dieu !

AUGUSTIN , s'avançant.

Vous le voyez !

(Henriette et Danville poussent un cri et se séparent. Henriette rentre dans sa chambre, et Danville s'enfuit par la porte du fond. Bachelard est stupéfait.)

SCÈNE IX.

AUGUSTIN, BACHELARD.[*]

AUGUSTIN , vivement.

Et l'on voudrait m'empêcher de prononcer mes vœux ! Non , j'y cours... et aujourd'hui même , je cesse d'être novice.

(Il sort en courant par la porte du fond.)

SCÈNE X.

BACHELARD, seul.

C'est à confondre !... On m'avait toujours dit que la vie monastique était trop séduisante... Je ne voulais pas le croire... Je le comprends maintenant , et pour peu que la vocation s'y trouve , c'est fini... il n'y a plus moyen d'y résister.

SCÈNE XI.

BACHELARD, CLOTILDE.

CLOTILDE , s'avançant sur la pointe du pied.

Eh bien ! monsieur ?

BACHELARD , à part.

Ah ! c'est cette dame de charité.

CLOTILDE.

Où est donc votre élève ?

BACHELARD.

Perdu , madame... perdu à jamais !

CLOTILDE.

Que dites-vous ?

BACHELARD.

Je venais de la part de sa famille , pour le ramener dans le monde...

CLOTILDE , avec joie.

Est-il possible ?

[*] Bachelard, Augustin.

BACHELARD.

Pour l'arracher au cloître...

CLOTILDE.

Quel bonheur !

BACHELARD.

Ah ! bien oui... il ne veut pas... il refuse... une vocation enragée...

CLOTILDE.

Vous en êtes sûr ?

BACHELARD.

Que trop !... Et dire que cette vocation-là , c'est moi qui la lui ai inculquée !... et que je recueille maintenant le fruit de mes leçons !

CLOTILDE.

Quoi ! c'est vous ?

BACHELARD.

C'est moi qui, par l'excellence de mes doctrines, ai travaillé à ma ruine et démoli mon avenir !... C'est fini !... plus de pension, plus d'espoir !... il ne me reste plus aussi qu'à me faire moine !

CLOTILDE.

Y pensez-vous ?

BACHELARD.

Je me mettrai dans le couvent dont il m'a parlé. (A part.) Celui où il a déjeuné ce matin ; il faudra qu'il m'en donne l'adresse.

CLOTILDE, timidement.

Je me trompe peut-être, monsieur... mais il me semble que tout n'est pas désespéré.

BACHELARD.

Il n'a rien voulu entendre.

CLOTILDE.

Je vous vois si malheureux, que ça m'afflige pour vous.

BACHELARD.

Que de bonté ! je vois bien que vous êtes une vraie dame de charité.

CLOTILDE.

Oui, vous avez raison... C'est par charité pour vous... pour sa famille... pour sa jeunesse... et j'ai idée que si... vous vouliez me laisser lui parler un instant...

BACHELARD.

Bien volontiers... Mais dans l'anxiété où je suis, qu'est-ce que je vais faire ? A quoi m'occuper pendant ce temps ?

CLOTILDE.

Si... vous n'aviez pas déjeuné ?

BACHELARD.

J'y pensais.

CLOTILDE.

Là, dans l'appartement de votre élève, je venais de faire servir...

BACHELARD.

Très bien... je ne serais pas fâché de voir par moi-même... O jeunesse imprudente !... que votre exaltation cause de tourmens à vos parens et à vos précepteurs !...

CLOTILDE.

Eh ! vite, monsieur, le voici !

(Il entre dans l'appartement à droite.)

SCÈNE XII.

AUGUSTIN, CLOTILDE.

AUGUSTIN.

A présent, grace au Ciel, je puis tout braver... je n'ai plus peur... (Apercevant Clotilde.) Si vraiment... encore un peu.

CLOTILDE, à part, le regardant.

Je crois qu'il tremble... c'est bon signe... (Haut.) Est-ce que je vous effraie, monsieur ?

AUGUSTIN.

Oh ! non... pas maintenant.

CLOTILDE.

Est-il vrai qu'hier, quand je dormais dans un fauteuil, vous m'ayez prise pour un pénitent blanc ?

AUGUSTIN.

A cause de mon gouverneur qui est un ignorant... Mais le supérieur et le révérend, qui s'y connaissent mieux que lui, m'ont dit que vous étiez une femme... M'ont-ils trompé ?

CLOTILDE.

Non... je vous l'aurais dit... car une femme est un être... parfaitement bon, qui dit toujours la vérité... A votre tour, il faut agir de même, et me parler franchement.

AUGUSTIN.

Oh ! toujours, je vous le jure.

CLOTILDE.

Eh bien ! est-il vrai, comme on le prétend, que vous ayez une vocation décidée pour l'état monastique ?

AUGUSTIN.

Très décidée.

CLOTILDE.

Depuis quand ?

AUGUSTIN.

Depuis hier... et depuis ce matin, surtout, quand j'ai vu ici tout à l'heure une dame...

CLOTILDE, avec émotion.

O ciel ! achevez...

AUGUSTIN.

Je vais tout vous dire... Elle était là... dans ce salon, avec un jeune frère... elle s'appuyait sur son bras... tous deux se parlaient à voix basse...

CLOTILDE.

Et qu'avez-vous pensé ?

AUGUSTIN.

Dam ! que c'était sa gouvernante... Ils paraissaient de si bon accord, ils étaient si heureux, si contens, si... que ça a fait naître en moi des idées...

CLOTILDE.

Des idées ?

AUGUSTIN, la pressant contre son cœur.

Oui... là !

CLOTILDE, s'éloignant.

Eh bien ! monsieur !...

AUGUSTIN, timidement.

Mais si vous voulez que je vous parle... de près on s'entend mieux.

CLOTILDE, souriant.

C'est juste... (Elle le laisse se rapprocher.)

AUGUSTIN.

J'ai tant de choses à vous dire, et tant de peine à m'exprimer !... Car en vous voyant, j'éprouve une agitation... un trouble... c'est du délire...

Air d'Antoine.

Ah ! l'avenir sourit à mon ardeur !
Je viens, rempli d'un espoir qui m'enchante,
Pour assurer en tous points mon bonheur,
Vous demander d'être ma gouvernante.

CLOTILDE, souriant.

Un pareil titre !...

AUGUSTIN.

Il me sera bien doux :
Ce titre-là pour moi sera bien doux,
Pour ne jamais me séparer de vous :
Je l'ai juré, jamais d'autre que vous.

(Il l'embrasse.)

CLOTILDE, à part, en souriant.

Le précepteur ne savait pas s'y prendre, car on en fait ce qu'on veut.

AUGUSTIN.

Eh bien ?...

CLOTILDE.

Eh bien ! nous verrons... mais à une condition...

AUGUSTIN.

Parlez.

CLOTILDE.

J'exige que vous renonciez à votre vocation.

AUGUSTIN.

Que dites-vous ?

CLOTILDE.

A l'état monastique... ou si non...

AUGUSTIN.

Mais il n'est plus temps, c'est déjà fait...

CLOTILDE.

Est-il possible ?

AUGUSTIN.

Tout à l'heure... à l'instant même... en un clin d'œil... tant j'étais pressé !

CLOTILDE.

Vous avez prononcé vos vœux ?

AUGUSTIN.

Pour jamais.

CLOTILDE.

Ah ! mon Dieu ! et je causais donc avec un petit moine ?

AUGUSTIN.

Tout ce qu'il y a de plus moine !

CLOTILDE, poussant un cri.

Ciel ! c'est donc un moine qui tout à l'heure m'a embrassée ?

AUGUSTIN.

Oui, vraiment.

CLOTILDE, reculant.

Fi, l'horreur !... laissez-moi !... laissez-moi !...*

AUGUSTIN.

Air de la Prova.

D'où vient votre colère ?
Pourquoi fuir loin de moi ?
Et quel est le mystère
Qui cause votre effroi !
D'où vient votre épouvante ?
Ah ! rassurez mon cœur !
Soyez ma gouvernante,
Soyez tout mon bonheur.

CLOTILDE, à part.

Quand je l'aimais naguère,
Et de si bonne foi !

(Haut.)

Ah ! laissez-moi, mon frère,
De grace, laissez-moi !
Pour mon ame imprudente
Il n'est plus de bonheur :
Qui ?... moi, sa gouvernante !
Voyez donc quelle horreur !

SCÈNE XIII.

AUGUSTIN, CLOTILDE, HENRIETTE et M. DE BÉTHANCOURT, arrivant par le fond, BACHE-LARD, sortant de la porte à droite, avec la serviette au cou et une aile de volaille à la main.**

TOUS.

Qu'y a-t-il donc ? qu'y a-t-il ?

CLOTILDE.

Monsieur qui, à l'instant même, vient de pro-noncer ses vœux.

BACHELARD, tombant sur un fauteuil.

Ah !... j'en ferai une indigestion !...

BÉTHANCOURT.

Mon élève ?

AUGUSTIN.

Oui, monsieur le supérieur, pour ne plus la quitter... parce que je ne peux pas vivre sans elle... parce qu'elle m'a promis d'être ma gouver-nante.

BÉTHANCOURT.

Qu'est-ce qu'il dit là ?

CLOTILDE.

L'exacte vérité... et cela lui apprendra à tant se presser... (A Augustin.) Oui, monsieur, j'étais dé-

cidée à avouer à mon oncle, à monsieur lui-même, à tout le monde enfin que je vous aimais... que je voulais vous épouser... et c'est alors que rien n'au-rait pu nous séparer...

AUGUSTIN.

Eh bien ! si c'est ainsi ?

CLOTILDE.

Mais ça ne se peut plus, quand on est moine.

AUGUSTIN.

Oh ! alors, je me tuerai.

BACHELARD.

Vous ne pouvez pas... on ne peut pas quand on est moine.

BÉTHANCOURT.

Et c'est moi, mon élève, qui réclame mes droits et qui épouse...

AUGUSTIN.

Lui !... le supérieur !

HENRIETTE.

Il ne l'est pas !... il est libre.

BACHELARD.

Il n'a pas prononcé de vœux... et sera son mari, comprenez-vous ?

AUGUSTIN.

Non, je ne comprends pas... et je le défie !... et nous nous battrons !

BACHELARD.

Vous ne pouvez pas.

BÉTHANCOURT.

On ne peut pas se battre quand on est moine... sans cela...

AUGUSTIN.

On ne peut donc plus rien, quand on est moine ?

BÉTHANCOURT.

Rien du tout.

AUGUSTIN.

Alors s'il en est ainsi...

(Il lui donne un soufflet.)

BÉTHANCOURT.

Vous vous oubliez... et sans votre état... que je respecte...

AUGUSTIN.

Arrangez-vous alors avec celui à qui je le dois, avec le révérend père qui a reçu mes vœux.

TOUS.

Mais où est-il ? où est-il ?

SCÈNE XIV.

LES MÊMES, DANVILLE, avec sa robe de moine entr'ouverte et qui laisse voir un habit de voyage.*

DANVILLE.

Le voici !

HENRIETTE.

Vous encore ? vous ici !

* Clotilde, Augustin.
** Clotilde, Henriette, Béthancourt, Augustin, Bachelard.

* Clotilde, Henriette, Danville, Béthancourt, Augustin, Bachelard.

DANVILLE.

Il le fallait bien... au moment où je traversais le vestibule, pour gagner la voiture préparée par vos soins, et avant que j'eusse pu quitter mon costume, monsieur m'a arrêté, me suppliant de le soustraire à la tyrannie de sa famille, dont il me remettait la lettre, me déclarant qu'il ne me laisserait pas monter en voiture, si je ne recevais pas ses vœux... et moi qui étais pressé de partir, je lui ai répondu : Je les reçois... et je les ai reçus... quitte à les lui rendre... Lorsqu'à cinquante pas et roulant dans une chaise de poste, j'ai ouvert la lettre qu'il m'avait remise, annonçant que mon duel est arrangé avec la famille Champfreneuse... Fouette cocher !... je retourne sur-le-champ, et j'accours rassurer ma femme !

TOUS.

Sa femme? ô ciel !

DANVILLE.

Oui, mes chers amis... je lui ai voué depuis long-temps ma liberté... ce qui veut dire... (A Augustin.) que je n'avais pas le droit de vous ravir la vôtre... et je vous la rends.

AUGUSTIN.

Est-il possible ?

DANVILLE.

Vous n'êtes pas plus moine que moi, ni que ces messieurs.

AUGUSTIN, à Béthancourt.

Alors, si je ne le suis plus, rien ne m'empêche... pour le soufflet...

BÉTHANCOURT.

Du tout... vous l'étiez, quand vous l'avez donné... il n'y a pas d'offense... je reste garçon.

BACHELARD.

Et la vocation de mon élève ?

AUGUSTIN.

A tous les diables !... ainsi que le mariage de monsieur.

BACHELARD.

J'aurai donc, grace au ciel, gagné une pension !

AUGUSTIN.

Pension de retraite... car je renonce aux gouverneurs... (Montrant Clotilde.) Et voici désormais ma gouvernante.

CHOEUR FINAL.[*]

Pour une douce destinée
Fuyant le cloître et sa rigueur,
Il va remettre à l'hyménée
Le soin d'assurer son bonheur.

AUGUSTIN.

Air. O sainte mélodie.

Quand je viens de descendre
Des saintes régions,
Vous seul pouvez me rendre
A mes illusions :
Qu'un bravo méritoire
Vienne combler mes vœux !...
Et je pourrai me croire
Encore dans les cieux !
Oui, je pourrai, messieurs, me croire
Encore dans les cieux !

REPRISE DU CHOEUR.

Pour une douce destinée, etc.

[*] Henriette, Danville, Clotilde, Augustin, Béthancour, Bachelard.

FIN DES PÉNITENS BLANCS.

Les acteurs sont placés en tête de chaque scène comme ils doivent l'être au théâtre : le premier inscrit tient toujours la gauche du spectateur, et ainsi de suite. Les changemens de position, dans le courant des scènes, sont indiqués par des renvois au bas des pages.

PARIS. — Imprimerie de BOULÉ et Cie, rue Coq-Héron, 3.

FRANCE DRAMATIQUE. — PIÈCES EN VENTE.

La Seconde Année.
L'Ecole des Vieillards.
L'Ours et le Pacha.
Le Camarade de lit.
Le Mari et l'Amant.
Les Malheurs d'un Amant
Henri III et sa cour.
Un Duel sous Richelieu.
Calas , de Ducange.
Michel et Christine.
Le Mariage de raison.
L'Hom. au masque de fer
La Jeune Femme colère.
L'Incendiaire.
La Vieille.
Le Jeune Mari.
La Demoiselle à marier.
Les Vêpres Siciliennes.
Budget d'un jeune ménag.
L'Auberge des Adrets.
Philippe.
La Dame blanche.
Toujours.
10 ans de la vie d'une fem.
Le Lorgnon.
Bertrand et Raton.
Une Faute.
Le ci-devant jeune hom.
Marie Mignot.
Pourquoi ?
Richard d'Arlington.
La Chanoinesse.
Les Comédiens.
L'Héritière.
Léontine.
Le Gardien.
Dominique.
Le Philtre Champenois.
Le Chevreuil.
Le Charlatanisme.
Vert-Vert.
Bruïs et Palaprat.
Le Mariage extravagant.
Le Paysan perverti.
Pinto , en 5 actes.
La Carte à payer.
Le Mari de ma femme.
Les Vieux Péchés.
Luxe et Indigence.
Zoé.
Louis XI.
Ninon chez Mme Sévigné.
Robin des Bois.
Marius à Minturnes.
Marie Stuart.
Les Rivaux d'eux-mêmes
La Famille Glinet.
Les Héritiers.
Jeanne d'Arc.
Les Maris sans femmes.
L'Assemblée de famille.
Mémoires d'un Colonel.
Le Paria.
Les Deux Maris.
Le Médisant.
La Passion secrète.
Rabelais.
Les Deux Gendres.
Estelle.
Trente Ans.
Le Pré-aux-Clercs.
La Poupée.
La Tour de Nesle.
Changement d'uniforme.
Une Présentation.
Mme Gibou et Mme Pochet
Est-ce un Rêve ?
Fra Diavolo.
Robert-le-Diable.
Le Duel et le Déjeuner.
Zampa.
Avant, Pendant et Après.
Les Projets de mariage.
Un premier Amour.
Napoléon , ou Schœnbrunn et Ste-Hélène.
La Courte-Paille.
Le Hussard de Felsheim.
1760, ou les 5 Chapeaux.
Rigoletti.
Fredégonde et Brunehaut
Gustave III.

Elle est Folle.
L'Abbé de l'Epée.
Un Fils.
Les Infortu. de M. Jovial.
M. Jovial.
Victorine.
Catherine ou la Croix d'or
La Belle-Mère et le Gend.
Heur et Malheur.
Il y a Seize ans.
L'Héroïne de Montpellier
C'est encore du Bonheur.
La Mère au bal, et la Fille à la maison.
Jean.
Les Etourdis.
Valérie.
Faublas.
Picaros et Diégo.
Démence de Charles VI.
Une Heure de mariage.
Madame Du Barry.
Le Chiffonnier.
Le marquis de Brunoy.
Le Voyage à Dieppe.
Les Anglaises pour rire.
La Fille d'honneur.
Un moment d'imprudence
Le Dîner de Madelon.
Les Deux Ménages.
Le Bénéficiaire.
Malheurs d'un joli garçon
Robert , chef de brigands
Michel Perrin.
Une Journée à Versailles.
Le Barbier de Séville.
Les Cuisinières.
Le Nouv. Pourceaugnac.
Marie.
Le Secret, et le Cuisinier.
Clotilde.
Bourgmest. de Saardam.
Le Roman.
Le Coin de Rue.
Le Célibataire et l'Homme marié.
La Maison en loterie.
Les Deux Anglais.
Le Mariage impossible.
La Ferme de Bondi.
Werther.
La Prison d'Edimbourg.
La Première Affaire.
La Famille de l'Apothicai.
Don Juan d'Autriche.
L'Enfant trouvé.
Le Poltron.
Le Facteur.
Misanthropie et Repentir
Le Châlet.
Perrinet Leclerc.
Moiroud et Compagnie.
Agamemnon.
Chacun de son côté.
Le Vagabond.
Thérèse.
Sans Tambour ni Tromp.
Marino Faliero.
Fanchon la Vielleuse.
Prosper et Vincent.
Glenarvon.
Le Conteur.
Le Caleb de Walter Scott.
La Dame de Laval.
Carlin à Rome.
Les Deux Philibert.
Les Couturières.
Couvent de Tonnington.
Le Landau.
Une Famille au temps de Luther.
Les Polctais.
Honorine.
Angeline.
La Princesse Aurélie.
Les Petites Danaïdes.
Sophie Arnould.
Un Mari charmant.
Les Deux Frères.
Madame Lavalette.
La Pie Voleuse.
La Famille improvisée.

Les Frères à l'épreuve.
Le Marquis de Carabas.
La Belle Ecaillère.
Les Deux Jaloux.
Laitière de Montfermeil.
Les Bonnes d'Enfans.
Farruck le Maure.
Monsieur Sans-Gêne.
Monsieur Chapolard.
La Camargo.
Préville et Taconnet.
Le Bourru bienfaisant.
La Fille de Dominique.
Philosophe sans le savoir
Rossignol.
Deux vieux Garçons.
Jeunesse de Richelieu.
Le Père de la Débutante.
L'Avoué et le Normand.
La Juive.
Un Page du Régent.
Les Indépendans.
Les Huguenots.
Mal noté dans le quartier.
L'Idiote , dr. en 4 actes.
Suzette.
Guillaume Colmann.
Les Deux Edmond.
Le Serment de Collége.
La Vie de Garçon.
La Camaraderie.
Le Commis Voyageur.
Liste de mes Maîtresses.
Alix , ou les Deux Mères.
Harnali , *parodie*.
99 Moutons et un Champenois.
Un Ange au sixième étage
Frascati, vaud. en 3 actes
La Cocarde tricolore.
La Muette de Portici.
La Foire Saint-Laurent.
Clermont.
Le Pioupiou, v. en 3 actes
Perruquier de la Régence
Le Chevalier du Temple.
Le Mariage d'argent.
Le Camp des Croisés.
Mademoiselle d'Aloigny.
Une Vision ou le sculpteur
Le Bourgeois de Gand.
Le Pauvre Idiot, d. 5 act.
Louise de Lignerolles.
L'Homme de Soixante ans
Marguerite.
La Belle-Sœur.
Céline la Créole.
Mademoiselle Bernard.
Précepteur à vingt ans.
Madame Grégoire.
La Cachucha.
Samuel le marchand.
Guillaume Tell, op. 4 a.
Henri Hamelin, dr. 3 a.
Un Testament de dragon
Le Ménestrel , com. 5 a.
Bayadères de Pithiviers.
Peau d'âne , en 5 actes.
L'Ouverture de la Chasse
La Vie de Château.
Thérèse, opéra-comique.
L'Obstacle imprévu.
Richard Savage , dr. 5 a.
Le Grand-Papa Guérin.
Le Général et le Jésuite.
La Boulangère a des écus
D. Sébastien de Portugal
C'est monsieur qui paie.
Mademoiselle Clairon.
Ruy-Brac, p. de Ruy-Blas
Une Position délicate.
Randal , dr. en 5 actes.
L'Enfant de Giberne.
Sept Heures.
Un Bal de Grisettes.
Candinot, roi de Rouen.
Françoise et Francesca.
La Mantille.
Les Trois Gobe-Mouches
Postillon franc-comtois.
Mademoiselle Nichon.
Dagobert.

Les Maris vengés.
Une Saint-Hubert.
La Fille d'un Voleur.
Les Sermens.
Le Planteur.
Jaspin , com.-vaud.
Le Père Pascal.
Nanon, Ninon, Maintenon
Phœbus.
Les Camarades du minist.
Vingt-six ans.
La Canaille.
L'Eclair.
L'intérieur des Comités révolutionnaires.
La Laitière de la Forêt.
Bobèche et Galimafré.
La Femme Jalouse.
Le Panier Fleuri.
Le Protégé.
Le Diamant.
Les Treize.
Naufrage de la Méduse.
L'Eau merveilleuse.
Geneviève la Blonde.
Industriels et Industrieux
Le Pied de mouton.
La Grande Dame.
Passé minuit.
Le Susceptible.
Le Pacte de Famine.
Tribut des Cents Vierges
Isabelle de Montréal.
Une Visite nocturne.
Madame de Brienne.
Un Ménage parisien.
Les Brodequins de Lise.
Valentine.
La Belle Bourbonnaise.
Mademoiselle Desgarcins
Passé Midi.
Les Trois Quartiers.
La Nuit du Meurtre.
La Fiancée.
Les Ouvriers.
L'Elève de Saumur.
Carte blanche.
Chantre et Choriste.
Chansons de Béranger.
La Fille du Musicien.
La Rose Jaune.
Le Shérif.
Les Filles de l'Enfer.
César , ou le Chien du château.
Eustache.
Argentine.
L'Amour.
Fiancée de Lammermoor.
Le Père de Famille.
Bélisario.
Le Débardeur.
La Symphonie.
Sujet et Duchesse.
Ecorce russe et Cœur français.
Un Scandale.
Le Bambocheur.
Le Philtre, opéra.
Le Tasse.
Léonide, ou la Vieille.
A Minuit.
Le Coffre-fort.
Fénélon, par Chénier.
Les Machabées.
La Lune Rousse.
L'Amant bourru.
Cartouche, ou les Voleurs
L'espionne Russe.
Les Deux Normands.
Le Soldat de la Loire.
Malvina, ou le Mariage.
Le plus beau jour de la vie
Polder, ou le Bourreau.
Louise, ou la Réparation
Les Premières Amours.
Le Colonel.
Le Coiffeur et le Perruquier.
La Reine de seize ans.
Keitly , ou le Retour.
La Famille Riquebourg.

Lisbeth, ou la Fille du Laboureur.
La Lune de Miel.
La Correctionnelle.
La République , l'Empire et les Cent jours.
Les deux Forçats.
Quaker et la Danseuse.
Les Enfans d'Edouard.
Yelva.
La Marraine.
La Mansarde.
La Fille du Cid.
Assemblée de Créanciers
Le Soldat laboureur.
Les Cabinets particuliers
Les Deux Systèmes.
La Reine d'un jour.
Régine ou Deux Nuits.
L'Humoriste.
Lénore.
Hochet d'une Coquette.
La Fausse Clé.
Le Secret du Soldat.
La Peur du Tonnerre.
La Neige.
Le Jésuite.
Les 6 Degrés du Crime.
Les Deux Sergens.
Le Diplomate.
L'œil de verre.
Latréaumont.
Le Code et l'Amour.
Une Jeune Veuve.
La Mansarde du Crime.
Judith.
Madame Duchâtelet.
Le Verre d'eau.
Masaniello.
Je connais les femmes.
La Rose de Péronne.
Deux Sœurs.
La Grâce de Dieu.
La Dette à la Bamboche.
Une Nuit au Sérail.
L'embarras du choix.
La Popularité.
Caravage.
Un Monsieur et une Dame
Les Pénitens blancs.